古代戰爭推理遊戲書

1 將領之戰

Steph Chan 著　　Kelvin Chong 繪

目 錄

前言

　　我們生活在一個相對和平的年代，雖然世界上仍有一些地區正處於戰亂之中，但很多人終其一生都不曾親身經歷過戰爭。相比之下，古代的中國在歷朝歷代常有大大小小的戰爭。人們參與戰爭，可能是為了對抗腐敗的王朝，希望推翻昏庸的君主；可能是為了取得權力，成就大一統的事業；也可能是為了生存而搶奪資源，或是為了保護家園免受外族入侵。

　　中國古代著名的兵法家孫武說過，戰爭是國家的大事，關係到國家的生死存亡，因此不可不研究明察。而現代社會提倡用和平的方法來解決紛爭，那麼我們為什麼還要去認識古代的戰爭呢？

　　戰爭雖然有血淋淋的一面，但也蘊藏着許多前人的智慧。要在一場戰爭中勝出，並不是單靠士兵人數的多少，還要發揮己方的優勢、看清敵人的弱點、熟悉戰場環境，從而制定適當的策略，恰當地調配人手和物資，甚至將領的態度和軍隊的士氣也是

勝負的關鍵，當然有時更需要一點運氣。從戰爭的部署和過程中，我們可以看見古人如何應對各種難題，甚至在劣勢中反敗為勝，當中的智慧、處事方式等都很值得我們學習。

這本書精選了四場中國古代的著名戰爭，在史書記載的基礎上，創作了各種一手資料，例如將領的對話、日記、信件等，讓你恍如置身於當時的環境，同時又擁有全知視角，可以知道戰爭雙方的想法和部署。你需要利用這些資料去判斷哪一方會獲勝，而更重要的是，為何他們能勝出。

相信以你敏銳的觀察力和聰明才智，一定能準確分辨出誰勝誰負。準備好的話，現在就請你接受挑戰吧！

將領之戰

戰國時期，七個諸侯國爭霸，其中秦國是實力最強大的國家，它希望逐一消滅其餘六國，統一天下。有一次，秦國進攻韓國，逐漸逼近一個叫「上黨」的地方，但當地的官員不願意向秦國投降，於是提議將上黨獻給趙國，利用趙國來對抗秦國。趙王認為得到上黨，有利於趙國防守秦國，於是答應接收上黨，並派兵前往救援，展開了長平之戰。

戰爭小檔案

戰爭：長平之戰

朝代：戰國時期

戰爭年份：公元前 260 年

交戰國家：秦國 vs 趙國

交戰地點：長平（今山西省
　　　　　晉城高平市）

雙方主將：王齕、白起（秦）
　　　　　廉頗、趙括（趙）

雙方兵力：約 60 萬（秦）
　　　　　約 45 萬（趙）

長平之戰前各國地圖

廉頗是趙國有名的大將，趙國派他率領二十萬大軍前往長平，秦國則由王齕領兵，與趙軍交戰了數次。

秦 王齕 ★★★★

職位：左庶長
任務：打仗
特別技能：主動出擊時，攻擊
　　　　　力會提升

趙 廉頗 ★★★★

職位：上卿
任務：打仗
特別技能：建築軍壘作防守

戰況匯報

大王：

　　我們與趙軍交戰已近三個月，雖然趙軍兵力不少，又有名將廉頗領軍，但我大秦軍隊多次突破趙軍防線，先後奪取二鄣城和西壘壁，斬殺了趙軍多名都尉。現在趙軍已退守至百里石長城。末將必定傾盡全力，早日擊敗趙軍，凱旋歸來！

左庶長
王齕 敬上

錦囊提示：戰爭初期，戰況對哪一方比較有利呢？

秦軍打算乘勝追擊，但廉頗已經想好了計策來對付秦軍，好像惹得秦軍心急如焚。他的計策是什麼？

一羣秦國士兵叫喊着⋯⋯

躲在長城裏不敢應戰，懦夫！

縮頭烏龜，快出來打我啦！

廉頗廉頗，膽小怯懦！

我們在丹水東岸據守，有寬廣的河水阻隔，還有大糧山和韓王山兩個制高點，可以從山上俯瞰丹水兩岸數十里範圍，觀察秦軍的動靜。就算秦軍戰力強大，亦無計可施，難以攻破我們。此戰宜守不宜攻，我們必須沉住氣，不要被秦軍的言語刺激到，明白嗎？

長平關

西王山

韓王山

唐王山

大糧山

丹水

廉頗

錦囊提示：秦國施展的計策會產生什麼效果？

戰況對趙國不利，消息傳到趙國的都城邯鄲，趙王好像對廉頗的計策不太認同，還不斷派人送信給廉頗，究竟趙王的書信裏寫了什麼？

廉將軍：

　　寡人聽聞我軍與秦軍的初戰不利，秦軍是一支強大的軍隊，肯定不好對付，希望將軍能早日重整旗鼓，盡快取勝。

趙王

廉將軍：

　　秦軍多次進擊成功，我軍傷亡不少，寡人很擔憂，希望將軍能早日想好應對方法，擊退秦軍。

趙王

廉將軍：

　　寡人當初任命你為主將，對你有很大期望，豈料你屢戰屢敗，現在更不出戰。只守不攻，又怎能取勝？若你不敢對抗秦軍，寡人只好找人替代你了！

趙王

官員們剛下朝，也在討論長平的戰況，聽聽他們有什麼看法吧。

最近大王心情很差呢！每次上朝我都怕會被他罵。

唉，廉頗將軍這樣面對秦軍，完全不行啊！

我聽說秦軍好像很怕馬服君趙奢的兒子趙括，如果讓他代替廉頗，說不定很快就能贏了。

真的嗎？不如跟大王說說看……

眾大臣一邊走着，一邊討論，突然一塊手巾從其中一名大臣身上掉下來，上面好像寫了一首打油詩，但語句很不通順，你能猜到文字裏的玄機嗎？

告車五，事買東。
趙快裙，成廳歷。
王慣灰，後被取。
易來慣，千尺男。
廉來面，金個取。
頗出件，酬相應。

范雎

錦囊提示：試着改變閱讀文字的方向，可能會發現大秘密！

手巾上提到了范雎，他究竟是誰？為什麼他的名字會出現在趙國大臣的手巾上？

秦 **范雎** ★★★★★

職位：宰相
任務：出謀劃策
特別技能：陰謀詭計

錦囊提示：你能從范雎的國籍和特別技能中看出什麼可疑的地方嗎？

秦軍好像急着要取勝，他們遇到什麼問題呢？

這個可惡的廉頗，一定是因為這個原因，才跟我們打消耗戰，氣死我了！

王齕

錦囊提示：留意秦國都城咸陽和戰場長平的距離，你也從地圖裏看出來了嗎？

這天，在趙國的王宮裏，趙王召見大臣一起討論長平之戰是否應該更換主將。有一位大臣在他的日記內記下了討論的情況：

大臣日記

趙孝成王六年六月二十日　天氣晴

今天，大王召見了我和其他臣子，商量長平之戰的局勢。一進大殿，看見大王的臉色黑得像炭一般，我已心知不妙。果然，大王又大發雷霆，怒罵廉頗不懂用兵。他聽聞了近日流傳的話，説秦國特別懼怕馬服君趙奢的兒子，想聽聽我們對於換將有什麼看法。

提起馬服君趙奢，他的確是一等一的好將領啊！想當年秦國攻打趙國的閼與，就連廉頗將軍都認為路途遙遠，路狹難救，但趙奢將軍卻認為狹路相逢勇者勝，先王讓他率兵救援，果然成功擊敗秦軍。唉，可惜趙奢將軍已不在人世。聽説他的兒子趙括，自幼在他的教導下熟讀兵書，能言善辯，但好像沒有什麼實戰經驗呢！有其父是否必有其子？難説難説。

眾大人對換將一事有不同意見。藺相如大人抱病前來，勸告大王：「大王只憑名聲就任用趙括實在不妥，趙括只會讀他父親留下的兵書，並不懂得靈活運用。」雖然如此，我看着大王的臉色，明明確確一臉不滿意的，恐怕不久後他還是會換將。

説起來，怎麼突然間會有這樣的説法傳出來，還傳到大王的耳中呢？希望不是秦國的陰謀就好……

看看廉頗和趙括的履歷表，你認為誰人更適合領軍呢？

	姓名	趙括
	年齡	30 歲
	國籍	趙國
	職位	無
	任務	打仗
	等級	未知領域
	特別技能	未知領域
家庭背景	父親為趙國名將趙奢，封馬服君。	
戰績	無	
榮譽	無	
評價	• 母親：趙括的父親做將軍時，得到大王及宗室的賞賜都會分給將士，接受軍命後就不再過問家事，專注軍務。但趙括得到賞賜都會藏在家中，還天天去看有什麼田地、房子可買，這樣子一點都不像他父親。 • 父親：趙括自小就學兵法，連我也難不倒他。不過戰爭是關乎將士的生死存亡，他將行軍打仗說得太輕鬆容易了。若有日趙國用他做將軍，一定會慘敗的。	
自述	爹和娘親，你們怎麼能潑自己兒子冷水！說到用兵之道，天下就沒有一人能及得上我！	

姓名	廉頗
年齡	67 歲
國籍	趙國
職位	上卿
任務	打仗
等級	★★★★
特別技能	建築軍壘作防守

家庭背景	不詳
戰績	・ 公元前 283 年：攻打齊國，取得陽晉。 ・ 公元前 279 年：攻打齊國，攻破其中一軍。 ・ 公元前 276 年：攻陷魏國的幾邑。 ・ 公元前 275 年：攻陷魏國的防陵、安陽。
榮譽	・ 拜為上卿 ・ 戰國四大名將之一（其餘三人為秦國的白起、王翦和趙國的李牧）
評價	・ 藺相如：秦國之所以不敢輕易出兵攻趙，就是因為有我和廉頗坐鎮。 ・ 平原君趙勝：廉頗為人勇猛強悍，愛惜人才，面對困難會忍辱負重，如果秦國派他們最厲害的大將白起出征，廉頗與他在野外對戰有所不足，但長久防守則能勝任。
自述	雖然我年紀已老邁，但我有豐富經驗，怎會是黃毛小子能比得上的！

趙王最終決定了改用趙括。秦國得到消息後，也下了一個決定。雙方的決定對戰況會產生什麼影響？

秦王旨意

趙軍以趙括代替廉頗為主將，對我軍來說是取勝的大好機會。為了確保勝利，寡人現在任命武安君白起為上將軍，原本領軍的王齕為尉裨將。換將一事必須保密，如果軍中有誰敢洩露換了白起為主將，斬！

 錦囊提示：為什麼秦國要隱瞞改用白起為主將？

秦 **白起** ★★★★★

職位：上將軍
任務：打仗
特別技能：引誘敵軍落入陷阱，一網打盡

白起的軍事成績表

時間	戰役	戰績
公元前 293 年	伊闕之戰	勝，攻破韓、魏聯軍。
公元前 279-278 年	鄢郢之戰	勝，攻陷楚國的國都郢城和別都鄢城。
公元前 273 年	華陽之戰	勝，攻破魏、趙聯軍，奪取魏國大片城邑。
公元前 264 年	陘城之戰	勝，攻佔韓國陘城等九座城邑。

評語：戰績輝煌，威名震懾六國，為秦國首屈一指的名將。

白起到達戰場後，立即發布了一系列的軍令。

軍令

白起將軍傳令各將士做好以下準備，迎接趙軍出擊：

1. 在丹水東岸的天然山崗建長達十八公里的主陣地。

2. 交戰時，盡量引趙軍到達主陣地。

3. 埋伏二萬五千名步兵切斷趙軍的後路和糧草運輸。

4. 安排五千名騎兵阻截留守後方的趙軍。

如果白起的策略成功，趙軍可能會面對以下哪些情況？請在方格內加上✓。（答案可多於一個）

☐ A. 被秦軍圍困

☐ B. 無法前進，被迫撤退

☐ C. 留守後方的趙軍無法前來支援

☐ D. 糧食補給遭截斷，士兵飽受飢餓

趙括代替廉頗後，馬上改變了軍令，不再採用防守的策略，又撤換了不少軍官，集中兵力，準備主動出擊。看看趙括想像中的路線圖，你覺得他會成功嗎？

白起

趙括

有我在，你還以為自己有機會贏嗎？

敗
趙軍全軍覆滅

秦軍以王齕為主將

秦國改用白起為主將

秦軍假裝敗退

趙軍被圍

趙括兵敗喪命

王齕不是趙括的對手

趙軍主動出擊

消滅秦軍

—— 趙括的理想路線

秦軍敗退

收復上黨

趙括一戰成名

勝

錦囊提示：趙括知道秦國的主將改為白起嗎？

戰場上的戰鬥非常激烈。戰場外的情況，或許也提示了形勢對哪一方有利。請看看以下的線索：

告示

秦王有令，凡為河內郡的郡民，皆獲賜一級爵位，郡內十五歲以上的男丁，均須入伍，前往長平支援前線，斷絕趙國的救兵和糧食。

 錦囊提示：秦王給予優厚的賞賜，能否召集到更多的士兵上戰場？

趙王：

收到貴國的來信，得知現時長平之戰，貴國形勢大險。不過，當初貴國曾派使臣到秦國和談，聽聞秦國對來使殷勤接待，寡人還以為兩國已經和解了呢！既然當初秦國友善地對待使臣，想必現在也會有議和的空間，恕寡人不便派兵參與了。若議和不成功，相信以趙國的實力，也能應付戰事。寡人精神上無限支持，加油啊！

祝
武運昌隆

楚王

 錦囊提示：你認為此刻的秦國是否願意與趙國議和呢？

思考點

　　一個好的將領，看來真的對戰爭的形勢有很大影響。究竟哪一方會勝出？在下結論之前，讓我們一起思考以下問題：

1. 廉頗採取防守策略，是出於戰術，還是不敢應戰？

2. 趙國採用進攻的策略，是否比防守更好？

3. 秦國是否真的懼怕趙國以趙括為主將？

4. 趙括是否一個合適的將領？

5. 為什麼秦國要隱瞞改用白起為主將？

　　對於這場戰爭的勝負，相信在你心中已有答案。一起閱讀下一頁的解說，看看你的判斷是否正確吧！

誰勝誰負？

這一場「長平之戰」，最終由秦國獲勝。你可能也留意到，趙國改用趙括為將領，其實是秦國施行反間計的結果——如果你將手巾上的打油詩，每句第一個字垂直串連起來，就會發現「告趙王易廉頗」和「事成後千金酬」兩句秘密語句。手巾上的名字暗示了秦國宰相范雎派間諜到趙國賄賂大臣，從而散播謠言。

戰爭初期，戰況雖然對趙軍不利，但廉頗爭取到時間建立牢固的防守壁壘。秦國急於用反間計換走廉頗，間接反映了廉頗採用的防守策略有成效。可惜趙王實在太急於求勝，輕信謠言，以趙括取代廉頗，改為主動出擊。

趙括雖然熟讀兵書，但無實戰經驗，只會「紙上談兵」的他，卻非常自信，認為集中兵力出擊，未必不能擊敗秦軍。秦國把握這個機會，派出最屬害的大將白起，他看清楚戰勝的關鍵是誘惑趙軍遠離堅固的防守壁壘，這樣才能一舉消滅趙軍。秦國刻意隱瞞改用了白起為主將，令趙括沒有防備而落入圈套。如果趙括知道這一點，可能會變得謹慎，畢竟白起幾乎每戰必勝，他的名聲比王齕屬害多了。

白起的計策很成功，當趙軍主動出擊，秦軍假裝戰敗後退，將趙軍引到預定的戰場，而秦軍預先在那裏埋伏的士兵，成功切斷了趙軍的後路，阻隔後方援軍支援，進一步包圍趙軍。趙軍無法攻破秦軍，只能就地建立壁壘防守，等候援軍。當時趙軍被包圍了四十多日，多次嘗試衝出重圍也失敗，在沒有糧食補給下，甚至出現人吃人的情況，相當可怕！最後趙括率領精銳士兵親自突圍，結果身中數十箭而死，趙軍最終投降。白起為免降兵生亂，下令將投降的趙軍殺死。

長平之戰後，趙國元氣大傷，再也無力單獨對抗秦國，而秦國向着稱霸天下的目標，又邁進了一大步。

劉氏兄弟的攻勢非常猛烈呢！王莽想出了什麼方法來對付他們？

皇上是不是氣到瘋了？每天要我們在官府裏射劉縯的畫像，這樣做劉縯也不會死啊……

新軍士兵

官府懸賞

皇上有旨，誰殺死綠林逆賊劉縯，可以得到以下賞賜：

五萬戶的食邑

十萬斤黃金

「上公」的官位

人才招募

皇上準備出兵攻打綠林逆賊，軍隊現在誠邀各州郡優秀人才加入，有意應徵者請到官府進行面試：

一、軍隊參謀

職責：為將領提供作戰建議

資格：精通六十三家兵法

二、武衛及猛士

職責：攻擊綠林逆賊

資格：強壯勇猛，武術精湛，有特殊技能者優先

聖旨

綠林逆賊狂妄，不知悔改，朕現在派王邑和王尋率兵前往洛陽，並與各州郡的精兵會合，合力清除綠林逆賊！

王邑和王尋到達洛陽，與各州郡的精兵會合，人數多達四十二萬，為了壯大聲勢，號稱為百萬軍。軍旗飄飄，隊伍浩浩蕩蕩地前進，氣勢非凡！其中軍隊裏還有一個身懷絕技的巨人！

新 巨毋霸 ★★★★

特徵：身高一丈（兩米三）
特殊技能：馴養和控制猛獸

巨毋霸在軍中飼養了各種兇猛野獸，準備在作戰時放出來助長威勢。請你猜出以下的謎語，看看他會用什麼動物來作戰吧！

穿着條紋袍，
別說牠是貓，
咆哮聲一響，
百獸都嚇跑。
（猜一動物）

身上滿是圓斑點，
敏捷機靈又兇殘，
跑步速度快如箭，
爬樹游泳樣樣精。
（猜一動物）

這牛真奇怪，
耕田不幫忙，
尖角長鼻上，
打架用角撞。
（猜一動物）

耳朵闊闊像扇子，
鼻子長長像勾子，
四腿粗粗像柱子，
尾巴搖搖像辮子。
（猜一動物）

劉秀得知王邑和王尋大軍逼近，馬上與其他將領退守昆陽城內。他們有沒有信心與龐大的敵軍作戰？

現在昆陽士兵不足一萬，怎能打得過人家的百萬大軍？留守昆陽只會送命啊！

將領甲

就算我們抵擋得住王邑大軍的攻擊，我們也沒有足夠的糧食，日子久了，不戰死也會餓死！

將領乙

唉，我的妻兒在其他城裏，不知他們怎樣了。劉秀這小子還未娶妻育兒，自然不懂得我們擔憂的心情！

將領丙

劉秀平時見到敵人都慌慌張張的，現在大軍壓城，反而大吹牛皮，不可信，不可信！

將領丁

我們集中起來抗敵，還有機會取勝；如果我們分散，昆陽必定失守，不出一日，我們就會被逐個擊破。現在是貪生怕死、只顧着妻兒和財富的時候嗎？

劉秀

劉秀突然這麼勇武，好像顯得我這個領導很無能，可是要我說出我們能打勝仗的話，我又說不出口……

王鳳

錦囊提示：昆陽城裏的綠林軍士氣如何？

24

在他們爭論期間，十萬敵軍已率先到達昆陽城北門。眾人已經來不及撤退了，於是請劉秀制定作戰計劃。

作戰計劃書

行動

- 王鳳與王常率領眾將士堅守昆陽城。
- 劉秀趁天黑帶着十三名將士，騎馬從昆陽城南門離開，到定陵和郾縣徵調部隊，然後與城內駐守的軍隊夾擊敵軍。

風險

- 劉秀等人出城後被敵軍攔截。
- 援軍到達前，昆陽守軍被擊破。
- 沒有部隊願意支援昆陽。

 錦囊提示：留意綠林軍能否解除作戰計劃中的風險吧！

另一邊，王邑和王尋的軍隊已經開始包圍昆陽，劉秀還能突圍而出嗎？看看王邑、王尋所派出的偵察兵怎樣說吧。

偵察兵報告

奉王邑、王尋兩位將軍之命，士兵已重重包圍昆陽城，但圍堵之勢尚未成形的時候，昆陽城南門突然殺出十多名騎兵，我們嘗試攔截，但不成功。

曾經被劉縯打敗的嚴尤，也率領剩餘的士兵與王邑的軍隊會合。他對於王邑、王尋進攻昆陽有一些意見。

昆陽只是一個堅固小城，我們把兵力用在攻陷昆陽，實在太浪費了，應該直接前往宛城，打敗劉縯領導的主力軍隊，這樣昆陽就能不攻自破。

我統領着百萬大軍，所到之地無人能擋，現在來到敵人面前，竟然要我繞路走？我要把城裏的綠林軍全殺掉！

嚴尤

王邑

錦囊提示：想一想之前提及宛城和昆陽的戰略價值，嚴尤的意見是否合理？

王邑看來是一個很驕傲的人，他的決定有沒有其他考慮因素？

王邑　　　　　　　　　　　　　　10 小時 ⋯

東郡太守翟義起兵反抗王莽，當時王莽很驚慌，叫我和其他將領打敗他。結果我們辛辛苦苦把翟義消滅了，王莽竟然因為我沒有活捉翟義而責怪我！我很生氣！真想把王莽……也不能把他怎樣，他位高權重，得罪不起啊！唉，王莽生性多疑，下次他說什麼我就做什麼吧。要是他對我起了疑心，那就大禍臨頭了……

在劉秀的號召下，成功召集三千名勇士。萬事俱備，再看一看決戰這天的天氣會是怎樣吧！咦，天氣不太好呢，風雨欲來，這會對戰況產生什麼影響？

天氣預報

　　一道雨帶會在今日靠近昆陽，為該區帶來不穩定的天氣。預測今日會有驟雨及雷暴，風勢疾勁，百姓應做好預防措施，鞏固房屋瓦頂，並將家禽留在安全的地方，以免牠們受到惡劣天氣驚擾。大雨可能會引致山洪暴發，百姓應遠離河道，避免進行戶外活動，以防走避不及，發生意外。

在劉秀與王邑、王尋激戰的時候，王鳳等守將在昆陽城樓上觀察形勢，他們也準備行動了，以下是王鳳與綠林士兵的對話。

報告王將軍，劉將軍的人馬形勢大好，但不知為什麼敵軍其餘的部隊依然按兵不動，沒有增援！

很好，是時候反攻了！傳令下去，開城門，讓士兵傾巢而出，把敵軍一網打盡！

 錦囊提示：為什麼王邑、王尋沒有得到其他部隊的支援？

思考點

．．．．．．．．．．．．．．

　　這一場戰爭很特別，既有天降異象，又有狂風暴雨！除此之外，還有一些因素需要我們好好注意，才能知道誰能勝出。在下結論之前，讓我們一起思考以下問題：

1. 王邑、王尋率領的新朝軍隊有什麼優勝之處？

2. 宛城的戰略價值比昆陽大，如果新軍放棄圍攻昆陽是否更好？

3. 王邑和王尋不接受王鳳投降，這個決定是否正確？

4. 劉秀率領援軍回來後，王邑、王尋有沒有輕敵？

5. 劉秀如何帶領綠林軍克服所面對困難？他是否一個好的將領？

6. 天象對王邑、王尋的新軍士氣產生了什麼影響？

　　究竟哪一方會勝出？一起閱讀下一頁的解說，看看你的判斷是否正確吧！

誰勝誰負？

　　昆陽之戰的勝方是綠林軍！這是一場非常精彩的逆轉勝呢！無可否認，王邑、王尋率領的新軍軍隊非常龐大，史書上記載有四十二萬，即使數字有可能誇大了，但兵力還是比昆陽城的綠林軍多很多。如果你能解答謎語，就會知道王莽那邊的巨毋霸還帶着老虎、豹、犀牛和大象上戰場呢！

　　王邑決定先攻打昆陽，主要是因為有了前車之鑑，不想再被王莽抓到把柄來責怪自己，因此選擇了一個穩當的戰略。另外，如果先攻打宛城，可能會遭到劉縯和劉秀的夾擊，而劉縯曾多次打敗王莽手下的大將，非常厲害，所以先攻破昆陽是比較穩當的策略，所以他兩次拒絕了嚴尤的意見。

　　王邑的策略幾乎要成功，因為綠林軍將領王鳳抵擋不住猛烈的攻勢，而提出投降，可是王邑堅持要血洗昆陽城。綠林軍只好繼續堅守，而他們最終成功等到劉秀帶來援兵。

　　在昆陽之戰中，劉秀一改以前給人的印象，無論是提出徵調援兵，還是作戰時身先士卒，這些舉動都展現出無比的勇氣，成功振奮士氣。他又刻意散播宛城被攻破的消息（其實當時劉縯的確已攻破宛城，只是消息尚未傳到昆陽），讓王邑有顧忌，不准軍隊擅自出兵。而劉秀組織了三千名士兵的敢死隊，雖然人數較少，但士兵都不怕死，自然勇猛無比，最終擊敗敵軍，連王尋亦被殺。

　　此外，王邑、王尋比較倒霉，軍營上方恰巧出現「營頭星」天象，在古代這是全軍覆沒的凶兆，十分打擊士氣，使王邑、王尋等人在遇到劣勢時更容易潰不成軍。對戰當天，天氣更突然轉壞，颳大風、下暴雨，隨隊的猛獸都嚇得發抖，而且河水暴漲，不少士兵逃跑時掉入水中淹死。

　　最後，王邑只帶着數千名的殘兵回到洛陽，慘敗的消息令朝廷震驚。不久，新朝就被綠林軍推翻了，而劉秀後來成為皇帝，延續漢朝。

糧草之戰

東漢末年，百姓的生活很困苦，不少地方都出現了叛亂，但當時由皇帝領導的朝廷非常弱小，沒有能力鎮壓叛亂，於是朝廷加強地方官員的行政和軍事權力。這些地方官員擁有實權後，逐漸脫離朝廷的指揮，成為各州實際的領導者。他們互相攻打，希望擴大自己的勢力，而早期勢力最大的是袁紹和曹操。袁紹眼見曹操日漸壯大起來，決定斬草除根，帶領軍隊南下攻打他，這就是歷史上著名的官渡之戰。

戰爭小檔案

戰爭：官渡之戰

朝代：東漢／三國

戰爭年份：公元 200 年

交戰方：袁紹軍 vs 曹操軍

交戰地點：官渡（今河南省中牟縣）

雙方主帥：袁紹、曹操

雙方兵力：約 11 萬（袁）
　　　　　約 4 萬（曹）

東漢時期各國地圖

當時的羣雄為了擴張勢力，招攬了很多謀士出謀獻策，袁紹也不例外，那他的陣營有哪些謀士呢？

袁　袁紹　★★★

職位：大將軍
任務：消滅曹操
特殊技能：反駁意見

袁　沮授　★★★★

職位：監軍
任務：出謀獻策
特殊技能：苦口婆心

袁　郭圖　★★

職位：謀臣
任務：出謀獻策
特殊技能：打小報告

袁紹打算出兵攻打曹操，沮授和郭圖對此有不同的意見，他們的理據分別是什麼？

意見書

姓名：＿沮授＿　事項：反對出兵攻打曹操
　　我們剛打敗公孫瓚，士兵都累了，不如先讓大家休養生息。況且，曹操將皇帝迎接到許都，挾天子以令諸侯，我們此時攻打他，便是名不正言不順。加上曹操的法令嚴謹，將士精良，我們需要逐步計劃才能擊敗他，還望主公不要太急躁。
袁紹批註：意見駁回。

意見書

姓名：＿郭圖＿　　　　事項：支持出兵攻打曹操
　　我軍兵力眾多，遠超曹操，如果不趁此時進攻，讓曹操繼續壯大勢力，將來必定難以對付了。而且，我們是討伐曹操，又不是討伐天子，怎會師出無名呢？沮授的建議確實較謹慎，但機不可失，我們需要好好把握啊！
　　（主公，悄悄跟你說，沮授軍權過大，現在連你的意願都敢反對了。若繼續放縱他，恐怕有天他就不受你控制了，主公需多加小心提防。）
袁紹批註：你說得對，就讓你、沮授和淳于瓊各主管一軍吧。

在曹操的陣營內，也有不少能幹的謀士。面對袁紹準備出兵的消息，曹操和他的謀士有什麼反應呢？

曹 曹操 ★★★★★

職位：丞相
任務：擊敗袁紹
特殊技能：高強領導力

曹 荀攸 ★★★★★

職位：軍師
任務：出謀獻策
特殊技能：連環妙計

曹 荀彧 ★★★★

職位：軍師
任務：留守許都
特殊技能：振奮士氣

← **曹操與他的智囊團**
曹操、荀攸和荀彧

 🎥 📞 ⋮

 荀攸
袁紹準備打過來了，我們要想好應對的策略。

 荀彧
將領們聽見這個消息，嚇得臉色發白。

曹操
有必要這麼慌張嗎？真沒用！

 荀攸
主公息怒，畢竟我們只有數萬兵馬，將領們
感到懼怕也是人之常情。

曹操
袁紹這個人志大才疏，雖然兵多，但將領
驕傲，政令不一，我們也不是毫無勝算。

 荀彧
主公說得對，而且袁紹身邊的謀士互不相
容，內部必有不和！

各方勢力收到袁紹和曹操準備開戰的消息後，也紛紛議論起來，他們對袁紹和曹操之間的戰爭有什麼看法？

三國論壇
突發！袁紹打算跟曹操開戰，哪一方會贏？

#1 **公孫度** · 位置 - 遼東
利益申報：本人持中立態度，兩邊都不會幫。
👍 43　👎 0

#2 **馬騰** · 位置 - 涼州
│ 利益申報：本人持中立態度，兩邊都不會幫。
跟隊＋1
👍 92　👎 0

#3 **劉表** · 位置 - 荊州
哈哈，在關中的公孫兄、馬兄等都表示中立，看來袁紹沒有後顧之憂，可以專心攻打曹操了，勝算不小啊！
👍 93　👎 3

#4 **劉璋** · 位置 - 益州
正所謂「兵馬未動，糧草先行」，打仗最重要是有充足的糧草，袁紹佔據了幽、冀、青、并四州，其中冀州更是個大糧倉啊！
👍 59　👎 13

#5 **韋端** · 位置 - 涼州
可是，我派了楊阜出使許都，他說袁紹做事遲疑不決，但曹操當機立斷，是個成大事的人。
👍 42　👎 1

#6 **匿名** · 位置 - 許都
有道理，之前曹操攻打劉備，袁紹竟按兵不動，白白失去了夾擊曹操的好機會。關羽還被擒投降，現在身在曹營，戰力不容忽視。
👍 63　👎 1

#7 **匿名** · 位置 - 冀州
少年你太年輕了，打仗還是要看誰的拳頭更硬。袁紹兵多，曹操對着他一定很頭痛。如果袁紹輸了，我就穿女裝到許都跳舞！
👍 134　👎 1

 錦囊提示：袁紹和曹操分別有什麼優勢和劣勢呢？

袁紹打算派大將顏良攻打白馬這個地方，好讓軍隊能順利渡河，攻打在南方的曹操。不過，沮授並不同意讓顏良獨擔大旗，於是再度向袁紹提出意見。

意見書

姓名：　<u>沮授</u>　　事項：<u>反對顏良獨自擔任大將</u>

　　顏良雖然是一名猛將，但他性格急躁，心胸狹窄，不能讓他獨自擔任大將啊，望主公三思。

袁紹批註：<u>意見駁回。</u>

　　曹操得知白馬的戰況很緊急，立刻與荀攸商討對策，希望能化解袁軍的猛烈攻勢。

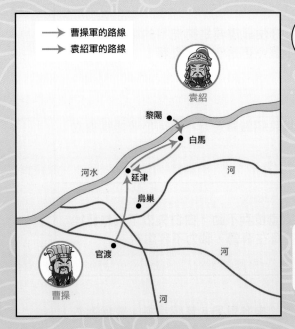

荀攸

袁紹的兵馬眾多，如果我們正面跟他決戰，一定打不過的，所以必須分散他的兵力。主公你前往延津，假裝要渡河攻擊袁紹後方，這樣袁紹就會派兵向西，然後我們再派騎兵迅速攻打留在白馬的袁軍，攻其不備，擊敗顏良！

曹操
這招聲東擊西很好，就照你的建議去做吧！

錦囊提示：袁紹和曹操對待謀士的態度有什麼不同？

曹操依計行事，先前往延津，再轉往白馬，並派大將關羽為先鋒，與顏良對戰。這招聲東擊西是否奏效？請你跟着路線走，看看曹操能否引誘袁軍將領淳于瓊率軍前往延津，以及關羽的刀能否擊中顏良吧！

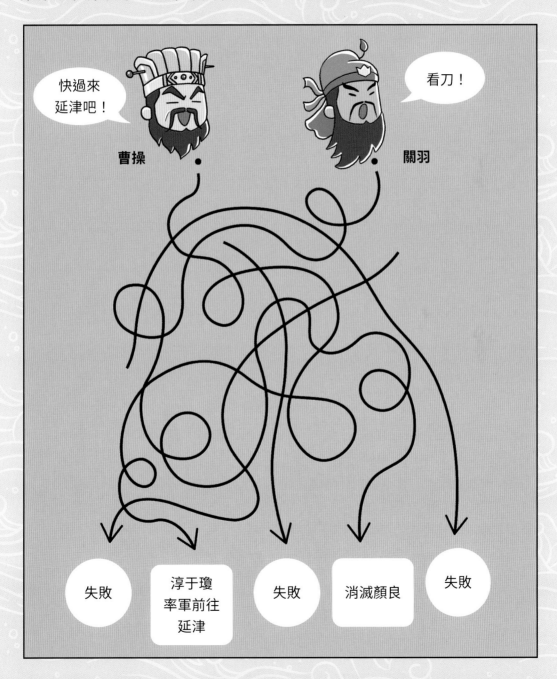

沒錯，計策很成功，曹操順利化解了白馬之圍！不過，曹軍仍然處於危機之中，袁軍連番追擊至延津的南邊，曹營形勢不妙，但曹操的對策卻很奇怪，他的葫蘆裏究竟賣着什麼藥呢？

曹兵：報！袁軍騎兵有五、六百名以上，步兵多不勝數。
曹操：傳令下去，所有人解鞍放馬，原地待命，不要讓敵軍發現！

曹兵：報！我們從白馬出發的運糧車隊已在路上，一定會被袁軍攔截！我們寡不敵眾，是否應先撤退？
曹操：運糧車隊來得正好，怎能撤退！

曹兵：報！袁軍將領文醜和劉備率領的騎兵原來有五、六千人，已在不遠處，我們是否該上馬殺敵？
曹操：時機尚未成熟，再等等。

袁軍：報！未見曹軍蹤影，但發現曹軍的運糧車隊。
文醜：呵呵，給我搶下來，兄弟們今晚就可以多吃一碗飯！

荀攸智謀小學堂

　　袁軍的騎兵有五、六千，而我們的騎兵不足六百，這十倍兵力的差距，的確會讓士兵有退縮的念頭。面對敵方人多勢眾的情況，就要想辦法分散他們的力量，在他們沒有防備的時候，一舉進攻。在行軍打仗的過程，糧草的供應是十分重要的，所以曹軍的運糧車隊一定能吸引到袁軍注意。

　　猜猜這支從白馬來的運糧車隊有何作用？

☐ A. 運糧車隊裏匿藏了曹兵。

☐ B. 用糧草賄賂袁軍，讓他們放棄攻擊。

☐ C. 誘惑袁軍奪取糧草，分散袁軍。

答案：C

果然，曹軍趁着袁軍分散兵力、搶奪糧草的時候，出其不意地發起攻擊，一舉擊敗袁軍。在白馬、延津的交鋒過後，雙方的將領都有傷亡、變動。

袁軍		曹軍
顏良 死於白馬之圍	文醜 死於延津之戰	關羽 離開曹營

關羽明明立了大功，為什麼要離開曹營呢？

曹公：

　　感謝你的賞識，在我戰敗投降時仍然厚待我，但我曾發誓與劉備同生共死，我不能背信棄義。現在我已為你上陣殺掉顏良，恩情已報，是時候離開了，不辭而別，請見諒。

關羽

雖然袁軍在戰事上接連失利，但袁紹仍然堅持追擊曹操，向官渡進逼。沮授這次會支持袁紹的做法嗎？

意見書

姓名：<u>沮授</u>　事項：<u>建議與曹操打持久戰</u>

　　我們雖然人多勢眾，但不及曹軍勇猛，而曹軍的糧草、軍備、財力，卻遠遠比不上我們。速戰速決會對曹軍有利，延長戰事才是我們的致勝關鍵，所以我們應該打持久戰。主公，請不要再駁回我的意見了！

袁紹批註：<u>不行，意見駁回，速戰速決。</u>

袁紹來到官渡，與曹操展開激戰！曹操應該用哪一招，才能抵擋袁紹的攻擊呢？請你看看每張卡的用途，替曹操出招吧！

| | 第一局 | 第二局 | 第三局 |

第一局

進擊

派士兵與敵人近距離作戰。

第二局

建高櫓

士兵在土山上搭建無頂蓋的高樓，並在上方射箭，攻破敵軍防守。

第三局

掘地道

在地底挖掘通道，潛入敵營攻擊。

袁紹招數

曹操招數

挖長溝

在營內挖掘長長的壕溝，以防禦敵人入侵。

堅壁

透過加固防守壁壘，來防止敵人進攻。

霹靂車

一種拋石車，在車上用粗竹將石塊拋擊出去，可用在攻擊建築物上。

答案：第一局：堅壁　第二局：霹靂車　第三局：挖長溝

雖然曹操抵擋得住袁紹的攻勢，但情況好像也不太妙呢！他寄信給留守在許都的軍師荀彧尋求建議。請看看他們之間的通信，猜猜曹操正面對着什麼困難？

荀彧：

　　我們與袁紹已經交戰幾個月，雖然他有不少將領都喪命了，但我們以少敵多，士兵已經很累，我不忍心看見他們如此勞累。現在我們的糧食也快要耗盡，我心中十分憂慮。唉，不如我們還是退守許都吧。你怎樣看？

曹操

主公：

　　請你千萬不要氣餒啊！現在正是決勝負的時候，雖然我們現在糧食不足，但誰先退縮，就很難再扭轉形勢了。我軍以一敵十，守着官渡，讓袁紹不能前進，已經堅持了一段時間，轉機很快就會出現，敬請主公耐心等候，把握時機！

荀彧 敬上

另一方面，袁軍正在運送糧草到前線，他們又面對什麼問題？

袁軍戰報

　　韓猛奉命運送數千輛糧草至官渡，中途遭到曹軍將領徐晃和史渙襲擊，我軍被擊敗，糧草被燒。

意見書

姓名：<u>沮授</u>　事項：<u>建議增派蔣奇護送軍糧</u>
　　近日我們的運糧車隊被曹軍襲擊，看來他們快沒有糧食，才會這麼心急。淳于瓊會帶兵再去護送軍糧，這批軍糧有一萬多輛車，我認為應該加派蔣奇在側翼掩護，確保安全。
袁紹批註：<u>有淳于瓊就夠了，意見駁回。</u>

錦囊提示：你認為袁紹應該聽取沮授的意見嗎？

43

有一個晚上，曹操的軍營突然有異常的動靜，士兵們都在悄悄地討論。

不要說曹操（曹操就不會來）
荀攸、曹兵一號、曹兵二號……

 曹兵一號
我看見主公沒有穿鞋就走出營帳，發生了什麼事？

 曹兵二號
袁紹身邊的謀士許攸突然來投靠主公，所以主公連鞋都來不及穿，就趕去見他了。

 曹兵三號
我剛才在帳外守着，隱約聽到許攸跟主公說什麼鳥巢、糧草、放火的。

 曹兵一號
鳥巢哪裏有糧草，最多只有鳥蛋，而且還吃不飽呢！

荀攸
不是鳥巢，是烏巢！主公剛剛下令，待會帶五千人趕去烏巢，把袁軍囤放在那裏的糧草燒掉。

 曹兵二號
只帶五千人？袁軍囤放糧草的地方，不可能沒有重兵守着啊！

曹兵三號
難道許攸是在詐降？故意給我們假消息，引誘我們上當！

荀攸
但主公信他，而且我們的糧草快見底了，再過一個月必定撐不下去。要讓袁軍沒有糧草，我們才有生路，快去準備！

 曹兵四號
都說了不要提起主公，現在又要凌晨加班了……

許攸竟然來投靠曹操了，他在袁紹那裏遇到了什麼事？

意見書

姓名：　**許攸**　　　事項：**建議偷襲許都**

　　曹操將兵力集中來攻打我們，他在許都的防守必定很薄弱，我們可以派輕兵在夜裏偷襲許都，如果成功攻破，挾天子以令諸侯的就是我們，我們可以利用皇帝的名義來討伐曹操，如果未能攻破，也可以讓他難以兼顧兩個戰場，這樣曹操必敗！

袁紹批註：**意見駁回，一定要先攻陷官渡！**

不久前，袁紹收到了軍師審配從鄴城寄來的信，提及了許攸的家人。

主公：

　　我奉命留守鄴城，一切安好。只是近日許攸家人犯法，雖然許攸得到主公重用，但我認為不能縱容他家人的劣行。以往許攸常常有貪財的行為，卻一再被縱容，他的家人才會目無法紀。我已將犯法的人逮捕，關進大牢。

審配 敬上

錦囊提示：許攸有投靠曹操的動機嗎？家人被囚禁，許攸會有什麼感受？

曹操聽了許攸的建議後，便帶着士兵從小路夜行，他們攜帶柴草，並舉起袁軍的旗幟，假裝成袁軍，潛入烏巢。曹操能否不被袁兵發現，找到糧草的所在地呢？請你幫曹操找出正確的入口吧。

入口一　　　　入口二　　　　入口三

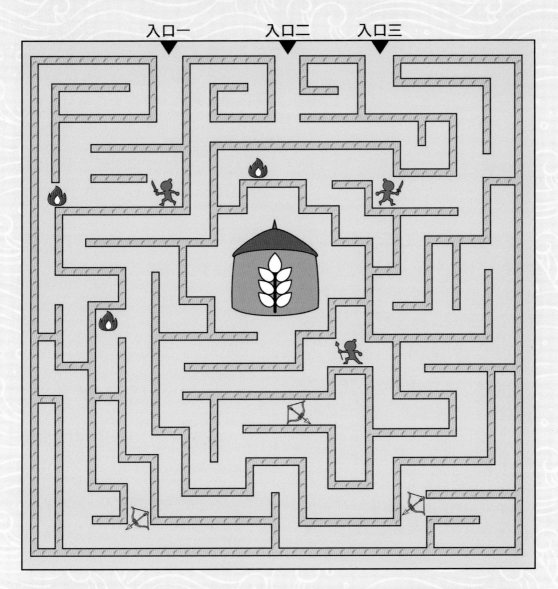

答案：

曹操成功了！與此同時，駐守在烏巢的淳于瓊，見到曹操突襲烏巢，馬上給袁紹寫信請求支援。

主公：

　　曹操那個狡猾的傢伙，昨夜潛進烏巢，把我們的糧草都燒掉了。當時尚未天亮，末將不知道曹操的目的，不敢胡亂行動，至天亮時才發現曹操帶的兵馬不多，馬上出擊反攻。奈何曹操帶的都是精兵，實在太勇猛，我們只好退守營中。現在情況危急，希望主公盡快派兵增援！

淳于瓊 敬上

　　袁紹知道烏巢的情況後，卻打算派將領張郃和高覽攻打曹操在官渡的大營，只派少部分騎兵到烏巢救援。他的應對方法能否得到屬下的支持呢？

意見書

姓名：　張郃　　　　事項：全力救援烏巢

　　曹操帶着精兵前往烏巢，淳于瓊必定抵擋不住，若然他被攻破，我們就再無勝算。再者，曹操大營穩固，我們之前多番進攻也無功而返，現在又怎能輕易得手？烏巢戰場才是戰局關鍵，希望主公先全力救援烏巢！

袁紹批註：意見駁回，就算曹操打敗淳于瓊，我攻陷了他的大營，他得到烏巢又有什麼用！

意見書

姓名：郭圖　事項：支持攻打曹操官渡大營

　　主公的主意很好啊！曹操不在大營，又調走了一批精兵，官渡的戰鬥力一定會減弱，我們就趁這個機會，攻破曹操的老巢！就算不能擊破，曹操也會回去相救，這樣烏巢的危機就能解除。

袁紹批註：正是，還是郭圖知我心意！

錦囊提示：袁紹先攻打曹操官渡大營的計策是否明智？

最後，在袁紹的堅持下，張郃與高覽只能聽命領兵攻打官渡。不久，烏巢戰敗的消息傳到官渡的前線。

死訊

淳于瓊
死於烏巢之戰

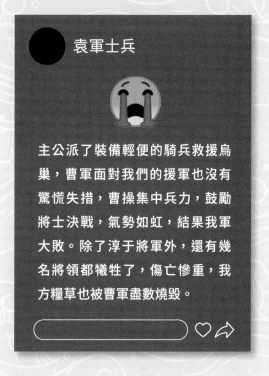

袁軍士兵

主公派了裝備輕便的騎兵救援烏巢，曹軍面對我們的援軍也沒有驚慌失措，曹操集中兵力，鼓勵將士決戰，氣勢如虹，結果我軍大敗。除了淳于將軍外，還有幾名將領都犧牲了，傷亡慘重，我方糧草也被曹軍盡數燒毀。

張郃收到一封密報，內容是有關郭圖的陰謀。在這種情況下，張郃和高覽會做出怎樣的選擇呢？

密報

烏巢兵敗，而曹操大營亦久攻不下。郭圖當初極力支持攻打官渡，後來知道計策失敗，竟然打算反過來誣陷將軍，說是將軍不全力應戰，恐怕主公會以此為藉口，怪罪將軍。

實在太可惡了！
當初我已經說過烏巢才是戰局重點，不聽我的勸告，現在還要我背黑鍋！

我們現在該怎麼辦？

張郃　　　　高覽

 繼續攻打曹軍　　　 向曹操投降

思考點

> 「行軍打仗，糧草先行」，你認為這一場戰爭的決勝點，是否也在糧草上？究竟哪一方會勝出？在下結論之前，讓我們一起思考以下問題：

1. 袁紹和曹操，誰是比較好的領袖？

2. 沮授多次向袁紹提出意見，他的看法是否準確？袁紹又是如何回應他的意見？

3. 曹操的兵力比袁紹少，他能否運用計謀戰略去彌補這個弱點？

4. 你認為袁軍應該採用持久戰還是速戰速決？

5. 曹操和袁軍在官渡對峙，你認為改變局勢的轉機是由什麼事情引發的？

6. 糧草在這場戰爭中有什麼作用？

7. 郭圖的意見對戰局產生了什麼影響？

這場戰爭由誰取得勝利，答案已經呼之欲出了。一起閱讀下一頁的解說，看看你的判斷是否正確吧！

誰勝誰負？

這一場「官渡之戰」，最終是曹操以少勝多，打敗了袁紹。雖然袁紹具備兵多糧足的優勢，但在白馬和延津兩次的交鋒，其實都是曹操佔了上風，因為曹操願意接納謀臣的意見，善於運用計策。相反，袁紹多次拒絕接受沮授的建議，他固執己見，又輕信郭圖的言論，不接納沮授及許攸的提議。

後來，袁紹帶領軍隊攻打官渡，雙方僵持不下。曹軍沒法抵擋袁軍的攻勢，轉而以堅壁防守。袁紹於是下令建高櫓、築土山，從高地射擊曹營，曹操又製作霹靂車，投石擊破櫓樓。袁軍掘地道，打算潛入敵營攻擊，曹軍則挖長溝防禦。這個局面確實對曹操頗為不利，因為曹軍的糧草不足，而袁紹仍可以不斷運送軍糧到前線。這也印證了沮授所說的話，持久戰確實是對袁軍較有利。

前來投靠曹操的許攸改變了曹軍的困局。許攸原本效力袁紹，也曾為袁紹獻計偷襲許都，讓曹操兩面受敵。不過，袁紹並沒有採納這個提議，加上許攸家人犯法被囚禁，許攸很生氣，便轉而投靠曹操，並向曹操透露袁軍在烏巢的糧草沒有嚴密防守。於是，曹操連夜帶兵趕到烏巢，把袁軍的糧草都燒掉了。

袁紹沒有聽從張郃的勸告，沒有派重兵救援烏巢，反而派他和高覽攻打曹操在官渡的大營。當張郃得知烏巢戰敗，而郭圖又誣陷他，張郃和高覽便率領部下向曹操投降。這個舉動使袁軍大亂，而曹操則乘勝追擊，將袁軍主力幾乎消滅，袁紹最後只帶着八百名士兵逃回北方。經過這場戰爭，袁紹不再是曹操的威脅，曹操很快便統一了北方。

文臣之戰

宋朝一直受到北方外族政權的威脅，其中之一就是由女真族建立的金國。宋朝的軍事力量很弱，被金國攻破了國都，甚至連皇帝都淪為俘虜。於是，宋代朝廷南遷，宋高宗被擁立為皇帝，但他沒有收拾舊山河的志向，反而與金國簽訂和約，以淮河為界，劃分了兩國的邊界，同時宋朝需要向金國俯首稱臣，年年進貢，這樣兩國之間的和平大致維持了二十年。不過，當金國的完顏亮做了皇帝後，他立志要吞滅南宋，於是宋金之間的戰爭又展開了，采石之戰就是在這個時候爆發。

戰爭小檔案

戰爭：采石之戰

朝代：南宋

戰爭年份：公元 1161 年

交戰國家：金 vs 南宋

交戰地點：采石磯（今安徽省馬鞍山市）

雙方主將：完顏亮（金）
　　　　　虞允文（宋）

雙方兵力：40 萬（金）
　　　　　1.8 萬（宋）

采石之戰進軍路線圖

金軍進軍路線 ⟵
宋軍沿江防線

自從南宋和金國訂立和約後，兩國都會互相派使臣探訪。不過，根據南宋官員的紀錄，金國最近好像有一些異常的動靜。

金國動態紀錄冊

年份	官員	詳情
紹興二十八年 （1158 年）	孫道夫	依臣在金國出使時的觀察所見，金人很有可能會背棄和約，出兵攻打我們！
紹興二十九年 （1159 年）	黃中	金國重新修建汴梁，很明顯想遷都，這樣金人與我們的距離更近，威脅更大，需要及早防備。
	張燾	臣接見金國使臣施宜生，雖然他已投靠金國，但他悄悄地向臣說：「今日北風甚勁。」他又取筆敲打，說道：「筆來，筆來。」北風暗指金軍，「筆來」即是「彼來」，金人要攻打我們啊！

南宋皇帝宋高宗聽取大臣的匯報後，與宰相湯思退商量。宋高宗相信大臣對金國的觀察嗎？

宋 **湯思退** ★★★

職位：尚書左僕射
（宰相，文臣）
政治取態：主和派，主張向金人議和妥協，換取和平

我認為大臣們想太多了，我們與金國簽訂和約已久，金人沒有攻打我們的藉口啊。宰相你怎麼看？

皇上說得對，一定是他們杞人憂天了，絕不是我們自欺欺人！

宋高宗　　　湯思退

金國真的有攻打南宋的打算嗎？在這段時間，金國皇帝完顏亮做了什麼事情？

完顏亮的待辦清單

金 完顏亮 ★★★★

職位：皇帝
平生志向：總攬國家大事、
領兵遠征、娶漂亮的妻子

正隆四年（1159 年）

☑ 調集軍隊，徵召二十歲以上、五十歲以下的男丁從軍

☑ 命令工部尚書蘇保衡等人，於通州造戰船

☑ 製造兵器

☑ 徵調軍馬，共五十六萬多匹

☑ 重新修建汴梁，作為南征的基地

☑ 禁止百姓流傳金國即將起兵南侵的消息

正隆五年（1160 年）

☑ 調集三萬水手

☑ 加緊修建汴梁的宮殿，準備遷都

完顏亮詢問大臣關於攻打南宋的意見，其中老臣溫都思忠的看法和其他人截然不同，讓我們看看他的理據吧！

溫都思忠筆記

　　今日皇帝詢問眾大臣關於征伐南宋的意見，除了我之外，沒有人敢反對皇帝的意思。當年太祖皇帝滅遼國，尚且需要數年時間。如今南宋雖然積弱，但爛船尚有三斤釘，皇帝以為幾個月就能滅掉南宋，實在太天真了！加上江南、淮南地區暑熱潮濕，不適合我們這些久居北方寒冷之地的人長留。兵馬都集中準備攻宋，州郡無兵，到時盜賊四起，又難以防範後方的契丹族作亂。可是，皇帝不聽我的勸告，一意孤行，算了！

另一方面，南宋再派人前往金國視察，終於確認金國有入侵南宋的意圖，另一位宰相陳康伯馬上提出與金作戰的對策。

意見書

姓名：<u>陳康伯</u>　　　　　　事項：<u>與金作戰的戰略建議</u>

　　金人毀掉和約，實在太令人氣憤，我們沒有退路，必須與金人一戰！我們太久沒有打過大仗，守備已經鬆懈，臣建議馬上加強淮東和淮西的防守，增加荊南軍，任用劉錡統領軍務；兩淮的將領，劃分各自負責的區域，並組建民間團社進行防守。沿江的州郡修築城牆、囤積糧食，加強城防。只要皇上的抗金意志堅決，將士的士氣一定倍增！

宋高宗批註：<u>准奏！</u>

聖旨

　　宰相湯思退，遭御史彈劾，內心機巧奸詐，為政多似奸臣秦檜，作威作福，辜負聖恩，今皇上有旨，罷免湯思退宰相的職位。

錦囊提示：湯思退被罷免，對宋朝主和派的勢力和作戰準備有什麼影響？

劉錡是曾多次打敗金人的名將，此時他的年紀已經很大，還生病了。宋高宗派了太監前往探望劉錡。劉錡對於局勢有什麼看法？

太監匯報

　　臣奉命前往探視劉錡，劉將軍的病況頗嚴重，已經不能好好進食，只能喝粥。劉將軍說：「我的病本來不太要緊，但邊境局勢危急，朝廷卻遲遲沒有制定禦敵的策略，直到敵人要大舉入侵，才匆匆命令我去抵擋，如今早已失去克敵制勝的先機，這場仗讓我怎麼打？整日憂心忡忡，這樣我的病能好起來嗎？」

戰況緊急，抱病的劉錡馬上安排兩淮地區的軍務，他命令將領王權防守淮西，但王權接到任務卻不想出發，需要劉錡再三命令催促。

王權：

　　金軍快要逼近了，我負責防守淮東，你負責防守淮西，請即帶兵前往壽春，一定要阻止金人渡過淮河，不然我這邊就算防守成功，兩淮都守不住的。

劉錡

王權：

　　怎麼過了這麼久，你仍然待在和州？別再拖延了，請立即起行！

劉錡

錦囊提示：你認為王權為什麼會一直拖延呢？這對南宋迎戰金軍有什麼影響？

1161 年 10-11 月（中曆）					
9 金軍渡過淮河 王權不戰，棄守 廬州，退至昭關	10	11	12 金人攻陷滁州	13	14 金人圍攻廬州
15	16 劉錡從淮陰退至 揚州	17 完顏亮進入廬州 王權退至和州	18	19 金人攻陷真州， 攻打揚州	20
21 王權退至東采石	22 金人攻陷和州	23 劉錡退至瓜州鎮 金人攻陷揚州	24	25	26
27 劉錡返回鎮江府	28	29	30	31	1
2	3	4 金人攻打瓜州鎮	5	6	7

正當戰爭進行得如火如荼，完顏亮收到金國傳來的一張黃榜。完顏亮正在打仗，這張黃榜不是他發出的，金國到底發生了什麼事情？

金國黃榜

完顏亮當初殺兄奪位，不是名正言順登上帝位，在位期間又施行苛政，惡行難以盡數。太祖的孫兒完顏雍取而代之，這是順應天命，撥亂反正。今後大金以完顏雍為皇帝，改年號為大定，凡歸附者將既往不咎，而且有賞賜。

完顏亮

可惡！完顏雍那小子竟然趁朕出征，搶朕帝位！

先派一隊軍隊回去消滅逆賊，我要打敗南宋才回去！
傳令下去，看看船隻準備好沒有，盡快從采石渡江！

金國將領

皇上要先回去平定內亂嗎？

完顏亮的軍隊正在長江的北岸，渡過長江後才能繼續進攻，因此金軍需要臨時製造很多船隻，運送士兵過江。

造船進度報告

進度：已完成
數量：數百艘
材料：拆掉和州民舍的木板所造
規格：底部闊度如箱子
用途：運載士兵渡過長江，奪取
　　　采石磯岸口。
備註：我們的船隻比宋人的船隻
　　　小，而且速度較慢，不足
　　　以用作戰船。

錦囊提示：金軍的船隻有什麼弱點？

至於南宋，由於國土上有很多河川，因此造船業很發達。為了加強江邊和海邊的防禦，朝廷也製造了多種戰船，這些戰船有什麼特色呢？

蒙衝

蒙衝是一種多層戰船，以牛皮包覆船艙與船板，船體狹長、輕便，在戰鬥時可以快速衝擊敵船。甲板上的下層艙室是划槳手的座艙，船的兩側開有多個槳孔，槳從槳孔伸出來划水，也可以在敵軍射箭攻擊時作為抵擋。每層船艙的四面都開有弩窗和矛孔，可向外射箭，或以槍、矛擊退敵軍。

海鰍船

鰍指泥鰍，從名字可見，這種小船輕捷、靈活，能夠高速衝撞敵人。海鰍船是車船的一種，在船舷的兩側裝上帶有槳葉的槳輪，人在船內用雙腳踏動輪軸，使舷外的槳葉轉動。槳輪向前轉，船就前進；槳輪向後轉，船就後退。這種驅動方式不僅較省力，也能提升效率，使船隻的行駛速度更快。

錦囊提示：比較一下金軍的船隻和宋軍的戰船吧！

王權棄軍逃走，於是朝廷改派將領李顯宗接替王權，並任命虞允文為參謀軍事，前往采石慰勞軍隊。

虞允文來到采石，眼見將領和士兵都意志消沉，而完顏亮的大軍快要渡江了。他能否消除各種難題，讓將領和士兵振作起來，對抗金軍？

宋 **虞允文** ★★★★★

職位：中書舍人、
　　　參謀軍事（文臣）
任務：督促李顯忠赴任，並
到采石慰勞軍隊

難題一

將領：現在只有少量殘兵留在采石，他們士氣低落，失去鬥志。

虞允文：朝廷派我來慰勞軍隊，提升士氣，有功的將士會獲發金錢和布匹作為獎賞，也會授予官職，委任狀已在我手上了。

難題二

將領：金兵有四十萬，他們在對岸築壇祭天，耀武揚威。我們只有一萬八千人，怎能打得過？

虞允文：如果金兵成功渡江，你們又能逃到哪裏去？金人不善水戰，只要守得住長江，我們仍有地理優勢，尚有生機。而且，朝廷供養了你們三十年，你們就不想報答國家嗎？

難題三

將領：我們也想作戰，但誰可以來指揮呢？

虞允文：王權無能，朝廷已經另派李顯忠將軍來統領你們。

難題四

將領：現在金軍即將渡江，李將軍趕不及到任。你沒有督戰的責任，沒必要替別人承擔責任啊！

虞允文：在這危急的關頭，我怎能一走了之？我會帶領你們一起作戰！

錦囊提示：虞允文能成功振奮士氣嗎？

虞允文集合四散的將士，在采石磯佈好防守陣形。他打算怎樣迎戰金軍呢？

采石磯

采石磯位於長江南岸，「磯」指水邊突出的岩石或石灘。采石磯的江面狹窄，形勢險要，自古就是重要的軍防基地。古人說「長江天險」，因為軍隊渡河時需要面對各種風險，這為長江以北的敵人帶來天然險阻。

錦囊提示：戰場的地理位置，對哪一方會較有優勢？

而且，宋朝已經懂得利用火藥來製造武器了，請看看宋軍有什麼秘密武器吧！

宋軍作戰計劃

船隻部署

- 一隊守在長江的中流，士兵藏在船內，準備作戰。
- 兩隊在東西兩側岸邊而行。
- 兩隊藏於小港之中，以應對突發情況。

行動

- 當金兵過江至中途時，船隊前往截擊。
- 中流的海鰍船衝擊金兵，將金兵的船撞沉。
- 先行的金兵登岸後，由將領時俊作先鋒，率領士兵作戰。

臨時行動

從光州來的幾百名殘兵，拿着旗幟戰鼓繞到山後，展開旗幟，並敲擊戰鼓。

霹靂炮

霹靂炮是在宋代發明的火炮，炮彈內以紙包裹石灰和硫磺。當炮彈爆炸，會響起如雷的聲音，而當中的石灰亦會散為煙霧，可模糊敵人的視野。

完顏亮在江邊揮動紅旗，指揮金軍乘坐數百艘船渡江了！實際戰況與金軍的預測是否符合呢？

金國軍事分析

自我軍攻打淮西以來，幾乎沒有受到阻力，敵將王權一再避戰，宋軍全無防守，我軍如入無人之境。估計即使長江的南面有宋軍，士兵看見我軍也會立即逃命，到我方船隻靠岸的時候，應該不會再看見士兵和戰馬。

金國戰報

太陽快要下山了，我軍仍然在奮勇戰鬥。然而，後山突然傳來戰鼓聲，而且有大量宋軍的旗幟飄揚，恐怕有大量宋軍援兵抵達！

錦囊提示：真的有大量宋軍增援嗎？留意宋軍之前的臨時行動吧！

完顏亮不知道宋軍的王權已經被罷免，他寫了一封信送到宋軍的軍營。從信的內容，你知道這場戰爭的形勢是怎樣了嗎？

王權：

　　朕領兵南下以來，你連連退避，可見你知道朕的天威不可抗拒。現在朕來到江邊，看見你們南岸只有幾個守軍，不過水兵的質素不錯，朕甚欣賞，如果你率領全軍來投降，朕就大發慈悲，給予你高官厚祿。如果執迷不悟，朕絕對不會放過你，你好好想清楚吧！

完顏亮

錦囊提示：完顏亮充滿信心，是否代表勝利在望呢？

思考點
······

　　南宋一直視金國為可怕的敵人，這一次宋軍能否在采石磯抵擋金軍的進擊，把他們擊退呢？在下結論之前，讓我們一起思考以下問題：

1. 在戰爭準備方面，南宋還是金國的準備比較充足？

2. 金軍南下進攻，宋軍在防守上分別有什麼優勢和劣勢？

3. 金國出兵攻打南宋，會遇到什麼潛在的問題？

4. 王權一再避戰，對金軍預測戰況走勢有什麼影響？

5. 雖然虞允文不是武將，但他在采石之戰中起了什麼作用呢？

　　相信聰明的你已經看清戰局的最終走向了！一起閱讀下一頁的解說，看看你的判斷是否正確吧！

誰勝誰負？

在采石之戰中，虞允文成功率領宋軍打敗金軍，贏了一場精彩的仗！

完顏亮的南征計劃是兩國簽訂和約以來的首次大規模進攻。南宋享受了長時間的和平，宋高宗和以湯思退為首的主和派，都不想再跟金人打仗，所以即使官員不斷匯報金國有可能入侵南宋，朝廷都沒有及時備戰。相反，完顏亮在很早的時候，已經一步一步做好戰爭的準備，這便讓金國取得了先機。

王權的不戰而逃，更讓金國在戰爭中佔了上風。從王權不斷拖延出發，到劉錡再三催促下才起行，已經可以看出他畏戰的苗頭。結果，王權從未迎戰金軍，不斷撤退，破壞了兩淮地區的防守部署，劉錡無可奈何之下也只好將防線後移。兩淮地區終告失守，金軍準備渡過長江，長驅直進。

不過，金軍也面對各種問題。首先，金國老臣溫都思忠告誡過完顏亮，金軍難以在短時間內攻陷整個南宋；第二，金人擅長騎馬作戰，卻不善水戰，而長江天險對於金軍來說是一道難關；第三，進攻淮東的金軍沒有遇過太多阻力，反而讓金軍掉以輕心，當遇到宋軍反抗，就容易自亂陣腳；第四，金國出現內亂，使完顏亮的南征有後顧之憂，行軍作戰時更加心急。

虞允文挺身而出，是南宋在采石之戰中勝出的關鍵原因。雖然虞允文只是文臣，但他沒有退縮，肩負起振奮軍心和指揮作戰的責任。宋軍的水軍較有優勢，戰船快速靈活，而金軍的船隻底部面積小，行駛時不穩，容易被撞沉，又受到宋軍施放霹靂炮阻撓前行。虞允文利用從和州來的殘兵，指揮他們在後山擊鼓揮旗，營造有大批援軍的錯覺，最終迫使金軍撤退。完顏亮以為此戰是王權坐鎮，打算誘惑王權投降，被虞允文回信斷絕妄想。

之後，完顏亮轉戰瓜州，命令金軍在三日之內全部渡江，否則一律處死，結果引發軍隊叛亂，完顏亮被部下所殺，最後金軍撤退，南宋乘機收復失地，兩國之間的戰爭暫時停止。

詞彙表

左庶長：戰國時期秦國的軍功爵位名稱，秦國制定二十級軍功爵位，左庶長為第十級。（P.7）

上卿：春秋時期設立的高級長官官名，分為上、中、下三級，戰國時期作為授予大臣或貴族的爵位。（P.7）

軍壘：軍營周圍用作防禦的措施，如牆壁或建築物。（P.7）

都尉：在戰國時期，都尉是比將軍職位低的武官。（P.7）

寡人：秦朝以前君王或諸侯對自己的稱呼，意為「寡德之人」，有自謙的意思。（P.9）

尉裨將：戰國時期的官名，上將軍的副將。（P.14）

上將軍：戰國時期的官名，為最高級的武官、指揮重大戰役的統帥。（P.14）

紙上談兵：趙括擅長談論兵法，實戰時卻不知變通，結果大敗。後來這個成語用來比喻不切實際的空談。（P.19）

外戚：古代帝王的母親或妻子家族的人。（P.20）

食邑：古代君主賞賜臣子封地，受封者可獲得封地內人民所上交的賦稅。漢代以後大多以「戶」為食邑分發的單位。（P.22）

上公：新朝時，以「公」為最高等級的爵位。王莽即位後，以太師、太傅、國師、國將等四輔為上公。（P.22）

大將軍：古代的武官官名，漢朝時期的大將軍會負責在內朝執掌政務。（P.35）

挾天子以令諸侯：曹操迎接漢獻帝遷往許都後，以天子的名義行事，後用來比喻借重權勢者的名義來發號施令。（P.35）

女真族：中國北方的遊牧民族，完顏阿骨打統一女真各部後，建立金國。（P.50）

尚書左僕射：古代官名，尚書省的長官，在南宋時期也設有尚書右僕射，左右僕射等同於宰相。（P.51）

遼國：由契丹族耶律阿保機建立的王朝，後來被金國和宋朝聯合消滅。（P.52）

秦檜：南宋時期的宰相，促使宋高宗殺害抗金名將岳飛，遭後世唾罵。（P.53）

黃榜：皇帝所頒發的詔書，在黃色的紙張上書寫，以公布國家大事。（P.55）

中書舍人：古代官名，南宋時期中書舍人掌管起草詔令，如對事情有異議，可以奏請皇帝重新考慮。（P.57）

古代戰爭推理遊戲書
1 將領之戰

作　　者：Steph Chan

繪　　圖：Kelvin Chong

策　　劃：林沛暘

責任編輯：葉楚溶

協　　力：楊晴嘉

美術設計：張思婷

出　　版：明窗出版社有限公司

發　　行：明報出版社有限公司

　　　　　香港柴灣嘉業街 18 號

　　　　　明報工業中心 A 座 15 樓

電　　話：2595 3215

傳　　真：2898 2646

網　　址：http://books.mingpao.com/

電子郵箱：mpp@mingpao.com

版　　次：二○二四年三月初版

Ｉ Ｓ Ｂ Ｎ：978-988-8828-65-4

承　　印：美雅印刷製本有限公司